LIÇÕES DO ACASO

LIÇÕES DO ACASO

Luis Carlos de Menezes

Ateliê Editorial

Copyright © 2009 by Luis Carlos de Menezes
Direitos reservados e protegidos pela Lei 9.610 de 19 de fevereiro de 1998.
É proibida a reprodução total ou parcial sem autorização, por escrito, da editora.

Dados Internacionais de Catalogação na Publicação (CIP)
(Câmara Brasileira do Livro, SP, Brasil)

Menezes, Luis Carlos de
Lições do acaso / Luis Carlos de Menezes
São Paulo: Ateliê Editorial, 2009

ISBN 978-85-7480-468-2

1. Poesia brasileira I. Título.

09-09457   CDD-869.91

Índices para catálogo sistemático:
1. Poesia: Literatura brasileira   869.91

Direitos reservados à
ATELIÊ EDITORIAL
Estrada da Aldeia de Carapicuíba, 897
06709-300 – Granja Viana – Cotia – SP
Telefax: (11) 4612-9666
www.atelie.com.br / atelie@atelie.com.br

Printed in Brazil 2009
Foi feito depósito legal

Lições do Acaso são registros da jornada de meu ofício de ideias:

Breviário Pagão reúne sugestões para pensar o mundo e lidar com a vida.

Pessoal e Transferível conta o que serviu a certas circunstâncias e talvez se aplique a outras.

Furto Qualificado toma de alguns poetas a música, de outros as ideias, de todos o perdão para quem rouba de ladrão.

Baú do Tempo é um arquivo de evidências de que não se vive em vão, nem impunemente.

Contas do I Ching, versões livres do velho oráculo, podem ser lidas como as contas de um rosário, ou consultadas por conta e risco...

BREVIÁRIO PAGÃO 13

Penumbra e arte 15
Desvios mais graves 16
Receitas com liberdade 17
Quando se está vivo 18
Não é tão simples 20
Do mesmo jeito 21
Todas as liberdades 22
Nem sempre é ruim 23
Rio das horas 24
É preciso luz 25
Festa ou funeral 26
Vazio com calma 27
Pássaros e desejos 28
Bônus da derrota 29
Cidades e mulheres 30
Saberes e sabores 31
Neurose é fria 32

Ponteiro dos Segundos..............................33
Como se fosse 34
Protocolo 35
Zerar a conta 36

PESSOAL E TRANSFERÍVEL...........................37

Feira de vaidades.................................39
Manual de instrução...............................40
Achar e estar.....................................41
Itens de sobrevivência............................42
só sobrevive quem chora 43
Versão do fato 44
Fácil e difícil...................................45
Troféu abstrato...................................46
Maré da emoção 47
Ser andorinha.....................................48
Reencontro com a utopia...........................49
Fresta e sombra 50
Pós da modernidade................................51
Ruim e pior.......................................52
Emimesmado..53
Tamanho do universo...............................54
Três anjos 55
Bicho...56
Tambores 57
Santo dilema......................................58
Juntando vidas....................................59
Só quando termina 60

FURTO QUALIFICADO.............................61

Lista de preferências............................63
Quero tudo......................................64
Estratégias......................................66
Poeta ladrão....................................68
Declaração de direitos..........................69
O que o vento não leva.........................70
Canalhas e Retóricos...........................71
Para valer a pena...............................72
Demônios.......................................73
Só lábios.......................................74
Abismos e pontes...............................75
Desrazões......................................76
Riscos do excesso...............................77
Hai quases......................................78
Causalidade....................................79
Olhar profano..................................80
Dou-lhe uma...................................81
Ciranda..82
Golpes de mestre...............................83
Lições do Acaso................................84
Interlúdio ou vice versa........................85

BAÚ DO TEMPO.................................87

Quintal...89
Rima para mãe.................................90
Ho Til..92

Tão bonitinho 93
Pierrô na gaiola 94
Licor 95
Noturnas 96
Dar nome a noites 97
Andina 98
Alvinegra 99
Desfile das calendas 100
Graças aos insucessos 101
As alças do caixão 102
Incompatíveis 104
Peço ao vento 105
Cândida paixão 106
Insensato pai 107
Mãe coragem 108
Dois lados 109
Acho que chega 110
Por enquanto 111

CONTAS DO I CHING 113

Sobre o I Ching 115
1. Apogeu 116
2. Fertilidade 117
3. O impasse 118
4. Ímpeto 119
5. A espera 120
6. O confronto 121
7. A equipe 122

8. A comunidade ...123
9. A força sutil ...124
10. A Conduta ...125
11. Paz ...126
12. Sem saída ...127
13. Comunhão ...128
14. Grandeza ...129
15. Modéstia ...130
16. Entusiasmo ...131
17. A sucessão ...132
18. O que se estragou ...133
19. Crescimento ...134
20. A perspectiva ...135
21. Corte radical ...136
22. A graça ...137
23. A derrocada ...138
24. A virada ...139
25. Inocência ...140
26. Força de coesão ...141
27. Nutrição ...142
28. A sobrecarga ...143
29. O abismo ...144
30. Calor e luz ...145
31. O cortejar ...146
32. O que perdura ...147
33. A retirada ...148
34. A grande força ...149
35. Progresso ...150
36. O escurecer ...151
37. A tribo ...152

38. A contradição 153
39. Obstáculo 154
40. Libertação. 155
41. Carência 156
42. Prosperidade 157
43. A ruptura 158
44. Impertinência 159
45. A reunião 160
46. Sucesso 161
47. Exaustão 162
48. A cacimba. 163
49. A muda 164
50. O tacho 165
51. Tremores. 166
52. Quietude. 167
53. Evolução 168
54. Discrição 169
55. Abundância 170
56. O andarilho 171
57. Ação suave 172
58. Alegria 173
59. Sem egoísmos 174
60. Limites 175
61. Luz interior. 176
62. O possível. 177
63. A confirmação 178
64. A um passo. 179

Como localizar um hexagrama 180
Uma "consulta" 182

BREVIÁRIO PAGÃO

*Não quero mais saber
do lirismo que
não é libertação*

Manuel Bandeira

Penumbra e arte

Na penumbra
da visão e da razão
a técnica não preenche
a obscura silhueta do real

É lá que mora a arte

Desvios mais graves

Viver a vida
é ir matando
a cada escolha
todas as outras vidas
que não se vai viver

Indecisos
distraídos
e insensatos
deixam as outras vidas por aí
ou as arquivam
em catálogos de possibilidades

Disso resulta
um museu de fetiches
a mania de escrever
e outros desvios mais graves

Receitas com liberdade

Liberdades
mais que conquistas
são receitas para viver

Liberdade é pretexto
para viver com prazer

Liberdade é promessa
para viver com esperança

Liberdade é projeto
para viver com coragem

Liberdade é princípio
para viver com paixão

Liberdade é premissa
para viver com liberdade

Quando se está vivo

Quando se está morto
se está morto
inútil disfarçar
ou ter uma borboleta
viva na lapela   Está morto

Veja aquele senhor
faz dois discursos por dia
condenou A B e C
e ainda ontem
recebeu dois embaixadores
mas eu sei
mas nós sabemos
que ele está morto

Sua voz não convence
seu olhar não convence   Está morto

Veja aquele amor
festejou datas
mandou flores
fez piruetas na cama
mas eu sei
mas nós sabemos
que ele está morto

Não convence o sorriso
o gemido não convence   Está morto

Quando se está vivo
se está vivo
bobagem deitar de bruços
passar atestado
ou cobrir-se de terra   Está vivo

Veja este povo
assassinado mil vezes
dependurado pelo pé
não come há anos
mas eu sei
mas nós sabemos
que ele está vivo

Se lhe soltam as cordas
se abraça
se lhe tiram a mordaça
canta   Está vivo

Veja este amor
rompido dez vezes
traído de toda forma
jejuno de cama e mesa
mas eu sei
mas nós sabemos
que ele está vivo

Negue-se o quanto quiser
e olhe o tremor nas pernas Está vivo

Não é tão simples

Dizer bom dia
    para desejar bom dia

Estar alegre
por ter saúde
              amor
                  comida
Afastar-se
ao se sentir incomodado

Ter vontade de beijar
            e beijar

Simples não é tão simples
      simples é raro
          difícil
            bom

Do mesmo jeito

Quem lavra outra palavra
esquece a frase feita
    quem vai buscar o sonho
    não leva o conquistado
quem procura outro rumo
não repete caminho

Quem decide manter
    o conhecido
    o dito
    e o feito
já decidiu ficar
    do mesmo jeito

Todas as liberdades

Todas as liberdades
de fato
são só duas

Uma é conhecimento
pra evitar riscos
ao escolher caminhos

Outra é aventura
pra correr riscos
ao descobrir caminhos

        Uma é filha da outra

Nem sempre é ruim

Entre fatos insólitos
e ocorrências raras
há registros
    de gente generosa
        com grande fortuna
    de gente espontânea
        com beleza incomum
    de gente genial
        apaixonada

Há indícios de que
possam até ser felizes

Falta comprovação
mas se cogita
    que grande fortuna
    inteligência invulgar
    ou beleza incomum
nem sempre é ruim

Rio das horas

Para quem
não quer dormir
há uma receita de insônia

Abra uma fresta
com vista pra seu abismo

Tire a ave noturna
      da gaiola

Comece a autópsia
de seu último fracasso

Com o fio de esperança
      de esquecê-lo
teça um manto
      de desculpas
ou pesque explicações
      no rio das horas

É preciso luz

Para se olhar
não bastam olhos
   é preciso luz

Para se olhar
o objeto do desejo
não bastam os olhos
e o desejo
   é preciso muita luz

a que revela
a que reflete
a que difunde
e também a que seduz
e a que confunde

É preciso enfim todas as luzes
que não há luz
que faça as vezes de outra luz
   para se olhar e ver
     o objeto do desejo

Festa ou funeral

A vida surpreende
      preparada a festa
      às vezes
      se encontra o funeral

Quem se acovarda com a vida
      não corre riscos
      dribla a surpresa
      e já prepara o funeral

      Evita assim decepção total
            falta o defunto
            às vezes
            mas nem por isso é festa

Vazio com calma

No desconforto
que se instala
quando a alma parece vazia

difícil dormir
se for de noite

difícil trabalhar
se for de dia

Tolice pressa
pra preencher
mente ou alma vazias

Provavelmente
estão sem foco
sequer estão vazias

Em qualquer caso
pressa é tolice
melhor sair
olhando as coisas por aí
comer uma fruta
ler um poema
ou ficar vendo
filmes velhos na TV

Pássaros e desejos

A substância abstrata
de desejos e sonhos
      não é menos real
      que a substância concreta
      de pássaros e pontes

Na prática se ligam
      que há pássaros nos sonhos
      e pontes de desejo

Em tese se separam
      que as leis das coisas
      não são as mesmas
      que as leis dos sonhos

Na complexidade
que envolve os dois mundos
      pássaros ou desejos
      sonham ou lançam pontes
      entre umas leis e as outras

Bônus da derrota

Se quem vence se torna
responsável pelo que conquista

a derrota pode ser vista
como outra forma de libertação

Cidades e mulheres

Ousadia e atenção
da forma certa
abre suas portas a segredos preciosos

Desatenta ousadia
em qualquer forma
leva direto a seu lado perverso

Grandes cidades
são como grandes mulheres

Saberes e sabores

I
Saber que o encontro
qualquer encontro
não pode ser reeditado

II
Notar que a vida é sempre
preparação da vida
e vice-versa

III
Ser impecável aprendiz
de ser feliz
com a delicada atenção
de uma paixão

IV
Saborear sem restrições
a transitoriedade da existência
com o respeito que merecem
as coisas da eternidade

Neurose é fria

Neurose é medo
desejo ousadia

Desejo quer gozo
neurose agonia

Neurose é mágoa
desejo magia

Neurótico não é erótico

Desejo é quente
neurose é fria

Ponteiro dos Segundos

Quando seu coração
batuca em vão
falta paixão
mas resta ainda um sentido

Como o ponteiro dos segundos
serve ao menos
para se saber que não parou

Como se fosse

Teça com ela o romance
beba com ela a paixão

Receba a graça do sim
perceba a sombra no não

Mas não queira controlá-la
para viver sem surpresas

Inútil queixar-se dela
por ela ser o que é

A vida quer ser vivida
como se fosse uma amante

Protocolo

Entre se desejar
e ter no colo
é normal que se enfrente
o protocolo

Zerar a conta

Morre-se um pouco
        em pequenas decepções
        em médios desesperos
        em grandes desilusões

É preciso
por isso
ficar atento
pra não acumular uma morte inteira

Melhor ainda
é no descuido
        de uma gargalhada
        de um novo gozo
        de um gesto de ternura
trapacear o destino e
        zerar a conta

PESSOAL E TRANSFERÍVEL

Vivo dentro de mim
e vive dentro de mim
uma guerra
entre o mundo de dentro de mim
e o outro

FERNANDO CHUI

Feira de vaidades

Na cotidiana
feira de vaidades
poupemos velhos amigos

Para eles
        nos mostrarmos
        é supérfluo
        nos escondermos
        é inútil

Manual de instrução

Para me ligar aproxime-se
                     com jeito

Sintonia é automática
              ou tem de procurar

Opero em qualquer tensão
      mas não resisto a maus tratos

              Garantia
                    sem nota fiscal

Achar e estar

A distância entre o que eu acho
    e o que acontece
pode ser nenhuma
    ser um abismo
        ou uma prece

Se acho que estou feliz
estou

Se acho que estou perdido
talvez esteja

Se acho que estou seguro
não estou

Itens de sobrevivência

Em tempos nada fáceis
quis uma amiga
cansada de batalha
que lhe indicasse
provisões de jornada
coisa leve e contada

Aceitando o pedido
fiz primeiro uma lista
que pra encurtar a história
não dava pra levar
nem na memória

Tive então de cortar
de ir pondo fora
deixando o essencial
como resumo agora

Um álbum de sorrisos
de velho ou de criança
que pode ser de ajuda
para carência aguda
de esperança

Uma dose oriental
de paciência
pra conseguir cruzar
sem se contaminar
o império da violência

Lembranças escolhidas
de colo de mãe ou amante
de abraços de amigos
e bons apertos de mão
para aliviar a solidão

Um lampejo de sonho
de projeto e utopia
pra aquecer a alma
contra os famosos
baldes de água fria

Idéias novas
em contas de brilho e cor
presas a um fio
de uma ironia fina
pra exorcizar
mediocridade e rotina

Um manual completo
de lições de abismo
e algum contraveneno
pra poder encarar
em qualquer terreno
os mestres do cinismo

Incluí afinal
como recurso extremo
reserva adicional
de lágrimas sinceras
que a depender do golpe
ou da hora
só sobrevive quem chora

Versão do fato

A verdade não é o fato
mas minha versão do fato
não o gesto que não vejo
mas a dor que me provoca
    Daquilo que já passou
    a verdade não é o vivido
    e sim de fato
    o lembrado
    a verdade não é o beijo
    mas o que fica do beijo
A verdade do presente
mais longe do que se tem
mais perto do que se sente
não está no seu corpo nu
mas no meu olhar ausente
    A verdade do futuro
    não é o que posso
    é o que quero
    não é seu projeto claro
    mas meu desejo obscuro
A verdade não é tema para controvérsias

Fácil e difícil

Sou fácil de seduzir
  por um gesto
  uma palavra
  um corpo
  um rosto
  uma idéia

Difícil sou de convencer

Troféu abstrato

O corpo
chegou avariado
    entre outros danos
    uma coluna
    que só funciona em certas circunstâncias

Quanto à alma
já esteve pior
mas não resiste a qualquer prova

Troféu abstrato
dessa jornada
    é a sensação
    em certas coisas
    de ter compreendido o essencial

Maré da emoção

No terceiro encontro
 a maré da emoção
 chegou ao pescoço

no quarto
 não deu mais pé

Ser andorinha

Deixou o bando
mergulhou no vazio
    que deu vontade

Cruzou o céu
em vôo solo
    pura beleza

Uma entre mil
voltou ao bando
    por natureza

Às vezes sonho
    ser andorinha

Reencontro com a utopia

Depois de tantos anos
      curioso reencontrá-la
      como reencontrei

Entre um argumento e outro
      sem sentido
entre um problema e outro
      sem solução
não a vi se aproximar

Dissimulada
      puxou-me pela camisa

Fresta e sombra

Tomava o inconsciente
esse lado encoberto
como fração menor
de meu desperto ser

      Mas hoje é o consciente
      que virou quase nada
      fresta mal conquistada
      do que eu sou sem saber

Ser fresta olhando a sombra
    me assombra

Desisto do analista

Sou escuridão demais
    para pouca pista

Pós da modernidade

Teria Marx razão
quando chegou a afirmar
que tudo quanto era sólido
desmancharia no ar?

Terá faltado a visão
do que hoje se pode ver
o mundo a liquefazer
as relações sociais?

Nações que se desmontaram
foram fundidas em blocos
empregos evaporaram
surgirá trabalho em flocos?

Se as classes se dissolveram
nesse desmanche global
e os estados se renderam
ao mercado mundial
devo eu me render aos fatos?

Tanto fez ou tanto faz
mas não vou ficar pra trás
na procura da verdade
com meus recursos baratos
resolvo ao menos um nó
tomo pós-modernidade
por modernidade em pó!

Ruim e pior

Por tanto tempo
olhar sem compreender
aquele buraco sem fim
foi ruim

Pior
foi perceber
que o buraco
é que olhava pra mim

Emimesmado

Não sei se o ciclo
é hepático
endócrino
ou existencial

Só sei que agora
é dentro
não fora
a cena principal

Tamanho do universo

Andei fazendo as contas

Comparando os registros
o universo deve ser
quase um bilhão de vezes
mais velho do que eu

Levando em conta
que o universo cresce
com a velocidade da luz
seu tamanho já é
um quintilhão de vezes
maior do que o meu

      No entanto
      meio justo é verdade
      e num relance
      o universo coube neste verso

Três anjos

Anjos
dispensei vários
mas restam três
de que não consigo me livrar

    o que anda atrás de mim
    apontando passos
    dados em falso

    o que caminha à frente
    vigiando passos
    que ainda vou dar

    o que segue a meu lado
    anotando o que dizem
    os outros dois

Penso em exorcizá-los
    só que eu não sei
    se saberei viver sem eles

Bicho

Se não me iludo
com o que vejo

o perigo
não está no ferrão
mas no desejo

Tambores

Quando distante soaram os tambores
eu que estava tão recolhido
e quase que esquecido
dos tempos idos
senti uma comichão
que há muito não sentia
um frenesi nos pés e na barriga
uma malícia no espichar das costas
no erguer de um ombro depois do outro
ao por meu peso numa perna depois na outra
que eu fui assim reencontrando a ginga
e ao despertar o que em mim dormia
olhei-me e ao mundo à volta
e não me conhecia

Tomei o ar da noite
sem saber sequer
se de dentro ou de fora
que me chegava a batucada
mas entendi que isso não importava

Tambores são tambores dentro e fora
e a gente dança se é chegada a hora

Santo dilema

Três foram os pedidos
de São Francisco a Deus

    Coragem para mudar
    o que é mutável

    Paciência para aceitar
    o inevitável

    Sabedoria enfim
    para distinguir os dois

Confesso que para mim
o terceiro é um dilema

    Difícil distinguir
    contingência e problema

Juntando vidas

Andei por aí
juntando vidas
    Mesmo desperto
    estou desfalecido
    de um gozo louco
    de vinte anos atrás
Tanto por fazer
e estou agonizante
como o cão de olhos vítreos
naquela poça
do velho porto de Cabedelo
    Cansado de batalha
    não posso dormir
    me espera a missão
    do jovem guerrilheiro
    morto em combate
        em mil novecentos e setenta e um
Ando por aí
juntando vidas
    Viver
    pode ser outra coisa?

Só quando termina

Perda de tempo
    eu jurar
que confusão não mais
    que agora é só paz
        sossego
        rotina

Não depende de mim

Vida é movimento
    e confusão na vida
    é como movimento
        de bar de esquina

    Só acaba quando termina

FURTO QUALIFICADO

*Para que pueda ser he de ser otro,
salir de mi, buscarme entre los otros,
los otros que no son si yo no existo
los otros que me dan plena existencia*

Octavio Paz
(citado em epígrafe por Mário Benedetti)

Lista de preferências

> Cores
> *vermelho*
> Meses
> *outubro*
> Orgasmos
> *não síncronos*
> BERTOLT BRECHT

rotas sinuosas
poemas diretos

romances malucos
cachorros tranqüilos

janelas pro mato
manhãs de preguiça

trabalho com alma
amor sem reservas

gente inteligente
mulheres felizes

viver com projeto
morrer de repente

Quero tudo

Quero quero tanta coisa
Belo belo
Manuel Bandeira

Quero uma mulher na cama
quero outra na lembrança
quero uma que me ama
e outra que faz de conta
quero a que histórias me conta
e aquela que me desperta
quero a que sempre me espera
de porta aberta   Quero tudo

Quero um amigo bem louco
e outro em pleno juízo
um que diga o que me sobra
um que diga o que preciso
e outro pau pra toda obra   Quero tudo

Quero um inimigo claro
patife filho da puta
e outro dissimulado
falso intrigante matreiro
mesmo que me saia caro   Quero tudo

Quero uma briga de tapa
soco paulada e mordida
e quero sair com vida

quero uma paz confortável
crianças flores rotina
e uma guerra formidável
que sei lá como termina   Quero tudo

Quero em tudo ser artista
quero a mão do desenhista
a cabeça do poeta
e o corpo do bailarino
quero a calma do punguista
o ouvido do maestro
e a destreza do menino   Quero tudo

Quero terra de fartura
generosa e exuberante
quero o mundo libertado
e quero o povo feliz
e quando eu for
bem pra diante
professor aposentado
quero ainda ser aprendiz   Quero tudo

Quero uma razão de vida
maior do que a minha vida
do tamanho da vida
por esta razão espero
apostar tudo o que quero
e então vencer a partida   Quero tudo

Estratégias

> *Mi estrategia*
> *más profunda y más simple*
> *és que um día qualquiera*
> *no sé cómo ni sé*
> *con qué pretexto*
> *por fin*
> *me necesites*
> MARIO BENEDETTI

Se é cultivo
    prepara
    semeia
    rega
    poda
    espera
    colhe e come
dona do tempo
é a natureza

Se é combate
    observa
    posiciona
    avança
    entrincheira
    defende
    ataca e toma
dona do tempo
é a vontade

Se é escultura
    concebe
    planeja
    esboça
    detalha
    talha
    desbasta e inaugura
dona do tempo
é a razão

Se é paixão
    insinua
    treme
    anuncia
    aproxima
    duvida
    de repente encontra
dona do tempo
é a emoção

Poeta ladrão

> *O poeta é um fingidor*
> *finge tão completamente*
> *que chega a fingir ser dor*
> *a dor que deveras sente*
> Fernando Pessoa

Todo poeta é ladrão
    de beleza
    de alegria
    de tristeza
    de poesia

Todo poeta é ladrão
    mas tão descaradamente
    que sem o menor pudor
    vem nos dar de coração
    tudo o que levou da gente

Declaração de direitos

Fica declarado que agora vale a verdade
que agora vale a vida
THIAGO DE MELLO

Todo homem tem direito
   a sua comunidade
   e a sua intimidade

Todo homem tem direito
   ao sossego
   e a um bom combate

Todo homem tem direito
   ao reconhecimento
   e ao anonimato

Todo homem tem direito
   ao perdão
   e à comemoração

Todo homem tem direito
   a um amor incondicional
   e a fantasias secretas

Em tempo
   toda mulher também

O que o vento não leva

> *As coisa mais leves*
> *são as únicas*
> *que o vento*
> *não conseguiu levar*
> MÁRIO QUINTANA

Nem sei há quanto tempo
pela primeira vez toquei
aquela dobra rósea

Permanece tão viva
a sensação
       que seu perfume
             ainda está na minha mão

Canalhas e Retóricos

Defender la alegria como una bandera...
de los ingenuos y de los canallas...
de las endemias y las academias...
   MÁRIO BENEDETTI

Um novo vírus
da ingenuidade
produz melancolia
em canalhas
até parada cardíaca fatal

Há baixas também
entre acadêmicos
que investigam o mal

Não são canalhas
que se saiba
mas seus exames revelam
retórica fora do normal

Para valer a pena

> *No me sirve tan mansa*
> *la esperanza*
> *no me sirve tan fria*
> *la osadia*
> Mario Benedetti

Esperança conformada
    deu em nada

Estratégia calculada
    deu em nada

Luta encarniçada
    deu em nada

      A vida ficou pequena

Vamos então juntar

    esperança inconformada
    estratégia iluminada
    e luta apaixonada

      para a vida valer a pena

Demônios

> *Yo no sé por qué razón*
> *de mí tragedia bufón*
> *te ries... Mas tú eres vivo*
> *por tu danzar sin motivo*
> ANTONIO MACHADO

Demônios secretos
o não do seu sim
e o sim do seu não
são o que move a vida
    na ira do santo
    na lucidez do louco
    na força do ancião
    na volúpia do casto
    na ternura do algoz

Tolice negar
por temor ou rigor
seu convite para a dança

    Vida é contradição

Só lábios

> *Os delicados*
> *que amam com violinos*
> *e os grosseiros*
> *que amam sobre metais*
> *não poderão*
> *como eu*
> *virar do avesso e ser só lábios*
> Vladimir Maiakowski

Bela tão bela
    que um sábio fingiu não vê-la
    que um louco tentou roubá-la
    que um santo quis seduzi-la

De sábio fico devendo
de amor talvez seja louco
santo se for do pau oco

    Não sei que fiz de tão certo
    bela tão bela me quis

    Virei do avesso e fui só lábios?

Abismos e pontes

*Nenhuma ponte de amor
se estende jamais em vão*
Thiago de Mello

Debruçar-se
no abismo de si mesmo

    Eis a loucura

Debruçar-se
no abismo do outro

    Eis a paixão

Às vezes
é possível lançar pontes

Desrazões

*Histórias que a gente entende
é porque foram mal contadas*
BERTOLT BRECHT

Tão bom o abraço
tão generoso o convívio
tão pura a nudez
tão incondicional o gozo
que não podia ser real

Arriscar-se a descobrir se era real
era negar toda uma vida
    de privações

Por essa ou por outras desrazões
    apavorado
        fugiu

Riscos do excesso

> *Embriagai-vos*
> *de vinho*
> *de poesia*
> *ou de virtude*
> *à vossa escolha*
> CHARLES BAUDELAIRE

Enquanto tomo meu vinho
   soldados de Alá e de Jeová
   marcham para a morte
   inebriados de virtude

Enquanto tomo meu vinho
   investidores e políticos
   corrompem e se aniquilam
   embriagados de poder

Enquanto tomo meu vinho
   amantes e torcedores
   matam e se matam
   bêbados de paixão

   Quem há de adverti-los
   para os riscos do excesso?

Hai quases

do japonês
que mora em mim

I
Quando todos partiram
terminados os fogos
que imenso e escuro o espaço

II
Em fuga
se oculta o vaga-lume
à luz da lua

III
Novo dia
no horizonte no corpo
suor de ontem

IV
Inútil pressa
durante a tempestade
baixe as velas

Causalidade

> *Que dios detrás de Dios*
> *la trama empieza?*
> JORGE LUIS BORGES

Dona Arminda tem
uma sábia santinha
da sua devoção

Vera Lúcia é balança
ascendente escorpião

O guru de Marilda
reza em nepalês
e tem pós-graduação

Eu que ando às voltas
com expansão do universo
evolução das espécies
e internacionalização da mercadoria
 fico à mercê
 não tenho a quem recorrer
 no meu dia a dia

Quando me assalta a dúvida
 penso em Dona Arminda
 penso em Vera Lúcia
 penso em Marilda

Me dá uma inveja...

Olhar profano

> *quem sou eu para falar com deus?*
> *ele que cuide dos seus assuntos*
> *eu cuido dos meus*
> Paulo Leminski

I
Morreu por quê?
Ao ver o corpo estendido
me embaça vista
    Não faz sentido
    morreu de que?
    Aí começa o trabalho do legista

II
O homem-bomba da vez
nem tinha completado dezesseis
mas fez o que fez pela fé
    Tragédia repetida é um tédio
    e se acabasse o petróleo no Oriente Médio?

Dou-lhe uma...

do pregão do leiloeiro

Dou-lhe uma chance menina
de saber tudo o que eu penso
e é mais fácil do que pensa
porque só penso em você
    Dou-lhe uma chance mocinha
    de perceber o que sinto
    que nessas coisas não minto
    sinto não estar com você
Dou-lhe uma chance mulher
de conhecer meu desejo
eu quero mais do que um beijo
quero tudo de você
    Dou-lhe essas chances agora
    mas se não for desta vez
    posso voltar noutra hora

        Dou-lhe uma...
            dou-lhe duas...
                dou-lhe três!

Ciranda

> *Ciranda, cirandinha*
> *vamos todos cirandar*
> CANTIGA POPULAR

Uma boca e outra boca
qual dessas bocas é a minha?
meia volta ou volta e meia
na ciranda cirandinha

O prazer que não quiseste
alguém teve e se fartou
o amor que ia e vinha
era louco e se curou

Com medo não se namora
e eu nem pude entrar na roda
disse um verso muito triste
disse adeus e fui-me embora

Golpes de mestre

O golpe decisivo
dá-se porque é preciso
não para mostrar-se mestre
LAO TSE

Foi um golpe de arte
em pleno dia
e uma enorme dor
virou poesia

    Foi um golpe de amor
    na madrugada
    e ao gozo maior
    não faltou nada

Foi um golpe de vista
no orvalho da manhã
e fez chegar à boca
a fruta temporã

Lições do Acaso

> *Todo pensamento*
> *é um lançar de dados*
> STÉPHANE MALLARMÉ

Com muitas lições
do acaso

instaura-se
enfim
um tempo

de dúvidas permanentes
em lugar
de pobres certezas
da juventude

Interlúdio ou vice versa

Todo mundo aceita que ao homem
cabe pontuar a própria vida
João Cabral de Melo Neto

Nas frases dessa vida
quis eu mesmo situar
as vírgulas e os pontos
as interrogações e as reticências

Mas há um tempo atrás
fui abrir um parêntese
que já não sei fechar

E agora me pergunto
seria mesmo interlúdio
ou será vice-versa?

BAÚ DO TEMPO

*Se de tudo fica um pouco,
mas porque não ficaria
um pouco de mim?*

CARLOS DRUMMOND DE ANDRADE

Quintal

Seu corpo era um quintal
e nele eu fui menino

Saltei seus muros
cheirei seus cheiros
me assustei no mistério
em seus escuros

Rima para mãe

Fernando
meu mais novo
quando menino
pediu que lhe ensinasse
a fazer poesia
para o dia das mães

Tem de ser com rima?
Claro
sem rima não é poesia

Mostrei-lhe de Drummond
Seleta em Prosa e Verso
mostrei-lhe de Bandeira
Estrela da Vida Inteira

Mesmo tendo gostado
de Porquinho da Índia
mesmo tendo visto
que sem rima
também é poesia
não arredou pé
tinha de ser rimada
Irmão rima com mão
com quem pegou meu balão
com sai pra lá seu bobão

Pai rima com sai
com desse jeito não vai
olha aí senão você cai

Avó rima com dó
com não querer ficar só
com vem comer pão de ló

Tia rima com pia
com compressa de água fria
com visitar qualquer dia

Prima rima até com rima
com pé de laranja lima
não trepa nem sai de cima

E mãe veja só coitada
esta não rima com nada

Então que se dane a rima
de pai e irmão
tia ou prima
que mãe é pra ser amada
não precisa ser rimada

mãe tá ai pra ser querida
não hoje mas toda a vida

Ho Til

Sempre a conheci por Ma
mãe do pai em cantonês

seu nome só soube depois

Com molhos e temperos
acarinhava os netos

      To
      Ho
      Mi Tao
      Mimi
      Hang

Em seu sorriso
um permanente véu de solidão

Tão bonitinho

Tão bonitinho
o natimorto
levado numa caixa
   de papelão

   Chorei pela mãe
   que chorou pelo filho
   que não chorou
      que eu saiba
   e não verá a crise
   nem seus desdobramentos

Pierrô na gaiola

Pobre pierrô
engaiolado
olhar fixado
num ponto abstrato
atrás de mim

    Seu rosto
    empoeirado
    sob a lisa testa
    já não protesta

Uma tristeza conformada
um grande nada
guarda a pergunta
não formulada
    Que mal eu fiz?

Licor

Lembra do licor
de depois do amor
de durante o amor?

Provei-o
há pouco
o mesmo bom licor
não é mais o mesmo

Noturnas

I
Nas noites de alforria
ingênuo e rude
como um cavalo menino
dou folga ao pensamento

II
Nas noites de escalada
sobre a mais alta escala
até a última gota
bebo nosso vinho

III
Tão plenas certas noites
que até podiam ser proibidas
Lembro da mãe
dizendo ao filho:
      Chega menino
      tudo demais é muito!

Dar nome a noites

A pessoas importantes
presta-se homenagem
dando seu nome a ruas
praças
becos
edifícios

    Eu
    que de meu só tenho o tempo
    darei seu nome
    a certos momentos especiais

De hoje em diante
passarão a se chamar
noites Y
aquelas madrugadas insensatas
em que alguém pergunta a alguém
    O que me aconteceria
    se eu me apaixonasse por você?

Andina

Tu mirar analítico
tu equilíbrio tenso
      no me olvidaré

Tu sencilla elegancia
tu rostro iluminado
      no me olvidaré

Tu pudor de niña
tu cuerpo plegado de placer
tu risa orgásmica
      no me olvidaré

Alvinegra

Nosso desejo nada respeitava
        nem dor de barriga
        nem menstruação

    Um belo dia
    que não foi belo
    nem dia
    sucumbiu
    ante um rápido surto
    de sensatez

Amizade colorida
ou alvinegra paixão
já não importa o que era
        era uma vez

Desfile das calendas

Dezenas de pequenos monstros
passam diante de mim

      os primeiros vagarosos
      risonhos
      inexpressivos

os últimos ligeiros
a sussurrar mensagens
que mal consigo ouvir

      Cada ano que passa
      deixa seus ovos
      de onde nascem
      anjos e serpentes

Elas me mordem
mas são eles
que me põem doente

Graças aos insucessos

Os insucessos do dia
me deixaram
triste e sensível
e até por isso
mais capaz de compreender
a tristeza de meu filho

Dei graças aos insucessos do dia

As alças do caixão

Pelo amor da bandida
ou da garrafa rara
que deixei vazia
brigamos e choramos
cada qual por sua razão
      Por isso em minha partida
      para outra dimensão
      é justo que lhe ofereça
      uma alça do meu caixão

Eternizou sua magia
ou seu feitiço
quando sem avisar
você levou sumiço
      Entenda então
      a minha fantasia
      que já revelo agora
      de querer vê-la levar
      uma alça do meu caixão
      quando chegar a hora

Das que disseram me amar
creio que você me amou
e entre as que eu disse amar
talvez a tenha amado

    Pelo sim pelo não
    peço que aceite levar
    quando tiver de ser
    uma alça do meu caixão

Tinha de ser você
para consolar a mulher
no dia da minha prisão
lembrar das minhas mentiras
e também rir com ela
dos barulhos do colchão
    E por isso me honraria
    se aceitasse tomar
    uma alça do meu caixão
    quando chegar o dia

Passados anos
pensei em completar
as alças que sobraram
    Mas vi um se apressar
    e já partir na frente
    e outra sem memória
    tornar-se indiferente

Mudei meus planos
    temendo o risco
    de enterro inglório
    hoje nem pisco
    prefiro o crematório

Incompatíveis

I
Se estou feliz
tranqüilo e criativo
nunca me ocorre
perguntar o motivo

II
Quando a fala começa
com "a grande verdade"
costuma prosseguir
em mesmice ou maldade

III
Por todo o tempo
ou em um só lance
se há náusea
não há romance

Peço ao vento

que vez por outra
uma brisa marota
levante a poeira
que o tempo vai assentando
sobre a lembrança de quantos amores vivi

para que um novo amor
não se assente sobre o pó

Cândida paixão

Talvez quisesse
um amor simples

coisa de encontro
e pronto
nada mais

mas tem comigo
sinuoso
incerto
o amor inquieto de que sou capaz

Se acho que tenho a alma
       quero o corpo

se acho que tenho o corpo
       quero a alma

se acho que tenho ambos
       quero mais

Insensato pai

Acompanhou
a ensandecida
até o último delírio
    Os poucos trocados
    gastou em flores
    pra quem partia

Endividado vestiu gala
e não faltou
à vitória do amigo
    A munição já rara
    queimou-a em salvas
    na batalha perdida

Para quase tudo
a meu pai
faltava o senso
    de oportunidade
    ou de medida

    não lhe faltava o de vida

Mãe coragem

Quando a morte bateu
a mãe abriu a porta
serviu café
falou da vida
chamou os filhos
pra despedida

Só então
determinada e impaciente
tomou a morte pelo braço
e foi com ela conferir
o lado de lá

Dois lados

Tenho um lado folgado
sem pressa nem receio
que até por isso
adora um rebuliço

Completa o outro lado
mais controlado
e a diferença está
em para que veio

O lado mais folgado
veio a passeio

O lado controlado
veio a serviço

Acho que chega

Tanto tempo
      atento a tudo

me dá o direito
para certas coisas
      de dizer chega

Por exemplo

de discussões circulares
debates protocolares
e chateações similares

      acho que chega

Por enquanto

Ficar mais velho
não é indolor

isso garanto

Mas tem sido melhor
que não ficar

por enquanto

CONTAS DO I CHING

*Para agir em cada circunstância...
não só os ciclos da natureza...
também a herança das culturas*

Richard Wilhelm

Sobre o *I Ching*

Há dois milênios o *I Ching*, *Livro das Mutações*, faz parte da cultura chinesa. Acompanha os ciclos da natureza como o taoísmo de Lao Tse, visa o bem comum como o humanismo de Confúcio, opera com a dinâmica dos opostos como a dialética "*Yang & Yin*".

Como oráculo, interpreta seqüências de signos obtidos por lances aleatórios. Cada lance corresponde a *Yin* ou a *Yang*, que têm as conotações de feminino ou masculino, negativo ou positivo, noturno ou diurno, fraco ou forte, dionisíaco ou apolíneo.

As trincas desses dois signos compõem 8 trigramas, que expressam qualidades fundamentais: *Céu*, o criativo; *Terra*, a receptiva; *Trovão*, o estimulante; *Água*, a abismal; *Montanha*, a impassível; *Vento* ou *Madeira*, os penetrantes; *Fogo*, o luminoso e *Lago*, o alegre. Combinados dois a dois, os trigramas compõem 64 hexagramas.

No *I Ching* pleno, que tem uma bela versão em alemão feita por Richard Wilhelm, cada hexagrama é interpretado em termos de processos naturais e relações familiares ou políticas da velha China.

As *Contas do I Ching*, sínteses poéticas livres dos hexagramas para um contexto atual e ocidental, podem ser lidas em seqüência, como as contas de um rosário. Quem, ainda assim, pretender usar as *Contas* como oráculo, achará comentários nesse sentido nas últimas páginas.

1. Apogeu

em baixo o Céu e em cima o Céu

Tem de ser criativo
para alcançar o apogeu
e para manter a plenitude

Haja virtude

2. Fertilidade

em baixo a Terra e em cima a Terra

Receptiva e fértil
úmida e ensolarada
eis a terra preparada

Só a semente é esperada

3. O impasse

em baixo o Trovão e em cima a Água

Ao nascer o que é novo
quando algo se interpõe
é natural o impasse

Sem ajuda não nasce

4. Ímpeto

em baixo a Água e em cima a Montanha

Se lança o impetuoso
como água na nascente
e corre em torvelinho

Até achar seu caminho

5. A espera

embaixo o Céu e em cima a Água

Para quem sabe aguardar
chega a hora da abundância
da solução e da cura

Mas a impaciência tortura

6. O confronto

embaixo a Água e em cima o Céu

Ninguém duvida
que rota de confronto
não compensa

Mas quem pára e pensa?

7. A equipe

embaixo a Água e em cima a Terra

Equipe é mais do que um grupo
de afins ou de iguais
tem meta e perseverança

É preciso liderança

8. A comunidade

embaixo a Terra e em cima a Água

Quem junta a comunidade
e a ajuda a se construir
partilha um precioso bem

Chegar depois não convém

9. A força sutil

embaixo o Céu e em cima o Vento

Pela expressão sutil
de uma força interior
alcança-se o sucesso

Mais do que ato é processo

10. A Conduta

embaixo o Lago e em cima o Céu

Com consciência do risco
e conduta maleável
não se teme o mais forte

Não é contar com a sorte

11. Paz

embaixo o Céu e em cima a Terra

Quando anseios e meios
caminham juntos
se espalha o contentamento

Paz é esse movimento

12. Sem saída

embaixo a Terra e em cima o Céu

Se razão e ação já se apartaram
e impera a sordidez
pouca resta a fazer

Certo é se recolher

13. Comunhão

embaixo o Fogo e em cima o Céu

Para jornada em comum
gente livre harmoniza
os credos e a postura

Comunhão não é mistura

14. Grandeza

embaixo o Céu e em cima o Fogo

Quem tem real grandeza
promove o bem comum
acolhe e maravilha

Não é para si que brilha

15. Modéstia

embaixo a Montanha e em cima a Terra

Há uma lei natural
que restaura o equilíbrio
entre o excesso e a carência

A modéstia compensa

16. Entusiasmo

embaixo a Terra e em cima o Trovão

Combate entusiasmado
é a chave da vitória
sob comando justo

Não se vence no susto

17. A sucessão

embaixo o Trovão e em cima o Lago

Na hora apropriada
a sucessão tem êxito
no comando e na vida

Se justamente obtida

18. O que se estragou

em baixo o Vento e em cima a Montanha

Quem compreende o motivo
da deterioração
evita negligência

Vale a experiência

19. Crescimento

embaixo o Lago e em cima a Terra

Todos os meios
da natureza e da cultura
servem ao crescimento

Se obtidos a tempo

20. A perspectiva

embaixo a Terra e em cima o Vento

Quem chega ao ponto alto
ganha perspectiva
para ser e ensinar

Tem de ser exemplar

21. Corte radical

embaixo o Trovão e em cima o Fogo

Para o que impede a união
ou barra o entendimento
um corte radical

E pá de cal

22. A graça

embaixo o Fogo e em cima a Montanha

Um tempo de mistério
e não de decisão
pede delicadeza

Com graça e com beleza

23. A derrocada

embaixo a Terra e em cima a Montanha

Se tudo vai ruir
e é certa a derrocada
inútil resistir

Não se faça nada

24. A virada

em baixo o Trovão e em cima a Terra

Se há luz no fim do escuro
vislumbra-se saída
na brecha iluminada

Prepara-se a virada

25. Inocência

embaixo o Trovão e em cima o Céu

Quem não carrega culpas
recebe o inesperado
com paciência

E melhor com ciência

26. Força de coesão

embaixo o Céu e em cima a Montanha

Coesão calorosa
se constrói com caráter
tato e sabedoria

À luz do dia

27. Nutrição

embaixo o Trovão e em cima a Montanha

Corpo e alma se nutrem
do que floresce ao Sol
de entendimento e fé

Do que consome se sabe quem é

28. A sobrecarga

embaixo o Vento e em cima o lago

Conter a sobrecarga
é compensar o peso
com esforço preciso

E aliviar com juízo

29. O abismo

embaixo a Água e em cima a Água

Quem conhece os caminhos
sabe que o risco está
em descuido ou otimismo

Não no abismo

30. Calor e luz

embaixo o Fogo e em cima o Fogo

Manter continuamente
calor e luz
requer sabedoria

Depende de energia

31. O cortejar

embaixo a Montanha e em cima o Lago

Respeitar os papéis
cultivando atento
a atração natural

E nunca ser banal

32. O que perdura

embaixo o Vento e em cima o Trovão

Diferente da pedra
é porque se transforma
que a vida perdura

Não por ser dura.

33. A retirada

embaixo a Montanha e em cima o Céu

Em luta desigual
é justa a retirada
atenta e não tardia

Não é covardia

34. A grande força

embaixo o Céu e em cima o Trovão

Só é justo o domínio
fundado no direito
mesmo com a força imensa

Ou não compensa

35. Progresso

embaixo a Terra e em cima o Fogo

Em tempo de progresso
o poder serve a razão
em claro compromisso

Com a força a seu serviço

36. O escurecer

embaixo o Fogo e em cima a Terra

Quando chegam as trevas
uma luz interior
é um precioso bem

Algum tato também

37. A tribo

embaixo o Fogo e em cima o Vento

Firmeza e coerência
em todos os papéis
que se exerce na vida

E a tribo segue unida

38. A contradição

embaixo o Lago e em cima o Fogo

Aa ação dos contrários
pode ser conduzida
e aproveitada

Quando bem governada

39. Obstáculo

embaixo a Montanha e em cima a Água

A pedra no caminho
pode tornar mais sábio
quem pensa e busca ajuda

E a sorte muda

40. Libertação

embaixo a Água e em cima o Trovão

Tomar do raio a luz
beber a tempestade
da chuva fazer calma

Lavar a alma

41. Carência

embaixo o Lago e em cima a Montanha

Quando mínguam os meios
quem tem sabedoria
não cultiva vaidade

Cresce em simplicidade

42. Prosperidade

embaixo o Trovão e em cima o Vento

Prosperidade chega
para se alcançarem metas
que há muito se procura

Enquanto dura

43. A ruptura

embaixo o Céu e em cima o lago

Poder que se amesquinha
pode ser contestado
com serena postura

Até sua ruptura

44. Impertinência

embaixo o Vento e em cima o Céu

É preciso cautela
com quem chega furtivo
e se insinua à frente

É impertinente

45. A reunião

embaixo a Terra e em cima o Lago

Conduz a reunião
quem segue gosto e rito
e lida com cuidado

Previne o inesperado

46. Sucesso

embaixo a Madeira e em cima a Terra

Quem semeou o solo
e cuidou da colheita
sabe que a merece

Cresce e aparece

47. Exaustão

embaixo a Água e em cima o Lago

Exauridos os meios
é bom manter silêncio
e não seguir a esmo

Ser fiel a si mesmo

48. A cacimba

embaixo a Madeira e em cima a Água

No fundo da cacimba
tem água em quantidade
para ser bebida

Para quem respeita a vida

49. A muda

em baixo o Fogo e em cima o Lago

Borboletas ganham asas
como aves trocam plumas
quando é o tempo da muda

E apressar não ajuda

50. O tacho

em baixo a Madeira e em cima o Fogo

Se há fogo sob o tacho
e bons ingredientes
cozinha-se com calma

Nutre-se corpo e alma

51. Tremores

embaixo o Trovão e em cima o Trovão

Espíritos mais fortes
podem tratar os medos
em seu plano profundo

Sorvendo os tremores do mundo

52. Quietude

embaixo a Montanha e em cima a Montanha

Alma que quer sossego
não se move por bens
nem saber nem virtude

Basta a quietude

53. Evolução

embaixo a Montanha e em cima a Madeira

Ações e pensamentos
servem passo a passo
ao crescer gradativo

Evolução é cultivo

54. Discrição

embaixo o Lago e em cima o Trovão

Respeitar precedência
atendendo aos costumes
faz a harmonia na vida

E evita becos sem saída

55. Abundância

embaixo o Fogo e em cima o Trovão

É certo permitir-se
saborear sem medo
a abundância fugaz

Com o coração em paz

56. O andarilho

embaixo a Montanha e em cima o Fogo

O andarilho sábio
cruza discreto
terra desconhecida

E não complica a vida

57. Ação suave

embaixo o Vento e em cima o Vento

O vento e as raízes
mostram do que é capaz
a ação longa e suave

A brisa empurra a nave

58. Alegria

embaixo o Lago e em cima o Lago

Ser firme por dentro
e suave por fora
promove alegria

Um bem que contagia

59. Sem egoísmos

embaixo a Água e em cima o Vento

Dissipem-se egoísmos
para reunir vontades
em conquista geral

Ou o projeto é pessoal

60. Limites

embaixo o Lago e em cima a Água

Evitar os extremos
previne o desgoverno
que tudo tem limites

Mesmo os limites

61. Luz interior

embaixo o Lago e em cima o Vento

Só com luz interior
se afastam preconceitos
para metas em comum

E serão todos por um

62. O possível

embaixo a Montanha e em cima o Trovão

Sempre há missões menores
quando as grandes superam
a força disponível

Faz-se o possível

63. A confirmação

embaixo o Fogo e em cima a Água

Ao vencer a partida
é bom fechar a guarda
buscar abrigo

Aí mora o perigo

64. A um passo

embaixo a Água e em cima o Fogo

A um só passo da meta
não se arrisque a perder
pelo menor motivo

Cada gesto é definitivo

Como localizar um hexagrama

Cada trigrama é uma combinação
de ▬▬▬ yang (masculino)
com ▬ ▬ yin (feminino)

Cada hexagrama é composto de dois dos trigramas:

☰	Céu	☶	Montanha
☷	Terra	☴	Vento (ou madeira)
☳	Trovão	☲	Fogo
☵	Água	☱	Lago

O número do hexagrama está no cruzamento da linha
do trigrama inferior com a coluna do superior:

superior / inferior	☰	☳	☵	☶	☷	☴	☲	☱
☰	1	11	34	5	26	9	14	43
☳	12	2	16	8	23	20	35	45
☵	25	24	51	3	27	42	21	17
☶	6	7	40	29	4	59	64	47
☷	33	15	62	39	52	53	56	31
☴	44	46	32	48	18	57	50	28
☲	13	36	55	63	22	37	30	49
☱	10	19	54	60	41	61	38	58

Uma "consulta"
– que resultou numa advertência –

Na versão plena *do I Ching*, para cada um dos seis elementos lançam-se três moedas, que dão margem a leituras mais detalhadas, mas quem pretender usar as *Contas* como "oráculo" basta jogar uma única moeda seis vezes, anotando cada vez se obteve cara, *Yang* (─────), ou coroa, *Yin* (-- --), montar de baixo para cima um hexagrama e procurar a "conta" na página correspondente, como no exemplo dado a seguir:

1. Faz-se mentalmente a consulta. *Por exemplo, eu pergunto qual a atitude mais adequada quando se consultam saberes milenares do oriente em contexto ocidental e contemporâneo, como faço aqui.*

2. Monta-se o hexagrama, de baixo para cima, como na seqüência a seguir de lances de uma moeda, *que acabo de jogar e anotar:*

Sexta jogada:	CARA		
Quinta jogada:	COROA		Fogo
Quarta jogada:	CARA		

Terceira jogada:	CARA		
Segunda jogada:	COROA		Montanha
Primeira jogada:	COROA		

3. O hexagrama que tem embaixo a *Montanha* e em cima o *Fogo*

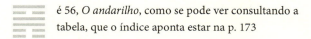 é 56, *O andarilho*, como se pode ver consultando a tabela, que o índice aponta estar na p. 173

4. A "conta" de *O andarilho* diz, então:

O andarilho sábio
cruza discreto
terra desconhecida

E não complica a vida

5. A interpretação da resposta é completamente subjetiva. *No meu caso, eu poderia tomar como advertência de que incursões em outras culturas, terreno para mim pouco conhecido como o das tradições chinesas, deveriam ser consideradas com reservas.*

6. As respostas a questões materiais objetivas usualmente nem farão sentido, já que as *Contas* tanto quanto o *I Ching* só se referem a atitudes e condutas humanas orientadas por princípios gerais.

Título	Lições do Acaso
Autor	Luis Carlos de Menezes
Editor	Plinio Martins Filho
Projeto Gráfico	Marcela Souza
Capa	Fernando Chui
Formato	13,5 x 21 cm
Tipologia	Minion 10,5/13
Papel	Pólen Soft 80g/m^2
Número de Páginas	184
CTP, Impressão e Acabamento	Prol Gráfica